シリーズ
シニアが笑顔で楽しむ❹

# シニアが楽しむ
## ちょっとした リハビリ のための
## 手あそび・指あそび

今井弘雄 著

黎明書房

# PREFACE はじめに

　高齢者の暮しが豊かになり，充実していくには，高齢者が「生きていてよかった」といえる環境作りが大切です。

　その環境作りの一環として役立てばと，私は以前『ちょっとしたリハビリのためのレクリエーションゲーム12ヵ月』という本を作りました。この本はおかげさまで，各地の高齢者福祉，医療関係の方々に活用していただいておりますが，それらの方々から「手あそびを中心とした本がほしい」とのご意見がありました。

　そこで，自分自身が老人施設，病院等での活動の中で行ってきた，より具体的に，より身近にリハビリテーションを考慮した，誰でもどこでもできる「手あそび・指あそび」を，私なりにまとめてみました。

　この本が福祉施設，医療関係，老人クラブ等で役立つものとして利用していただければ幸いです。

　最後に，この本を書くに当たって，私の元の職場の板橋中央総合病院と，板橋区おとしより保健福祉センターの専門職のアドバイスを受けられたことに心より感謝いたします。

著　者

付記：今回の増刷にあたり『ちょっとしたリハビリのための手あそび・指あそび』を改題し，「シリーズ・シニアが笑顔で楽しむ」に入れさせていただきました。

# もくじ

はじめに 3
この本をお使いになる前に 7

## あたらしい手あそび・指あそび ──────11

1 だせだせ「ホイ」 12
2 玉送り 14
3 右手(左手)送り 16
4 おみくじボール 18
5 ボトルたおし 20
6 玉入れ 22
7 射的 24
8 鼻,耳,ドン! 26
9 しりとりリレー ① 28
10 しりとりリレー ② 30
11 真昼の決闘 32
12 ぐる,ぐる,パー 34
13 バクダン 36
14 石投げ 38
15 魚屋さん 40
16 砲丸投げ 42

## もくじ

- 17　はなはな　44
- 18　花火　46
- 19　やり投げ　48
- 20　マッチ棒入れ　50
- 21　むすんで，ひらいて　52
- 22　からす，たぬき，もぐら　54
- 23　耳持たないで鼻持って　56
- 24　トントンこさすり　58
- 25　指のダンス　60
- 26　紙拍子　62
- 27　ハンカチ相撲　64
- 28　リーダーはだれだ　66
- 29　ちょっと変わったカルタ取り　68
- 30　指の拍手　71
- 31　いちごが1コ　72
- 32　指かぞえ　75
- 33　あんたがたどこさ　76

## 昔から伝わる手あそび・指あそび —— 79

1 ドラねこ 80
2 げんこつ山のたぬきさん 82
3 らかんさんがそろったら… 84
4 ペンとひきゃヒュー 86
5 ごんべえさんの赤ちゃん 88
6 おちたおちた 90
7 弁慶さん 92
8 大きな栗の木の下で 95

＊本文イラスト：岡崎園子

# この本をお使いになる前に

　この本をお使いになる方は，高齢者の方々に何らかの形でかかわっている方々と思われます。

　それらの方々は自分たちの立場で「手あそび・指あそび」を取り入れていると思います。しかし同じあそびを取り入れても，健常な高齢者の健康維持のための場合と，介護支援援助のためのリハビリテーションの一環として取り入れるのでは，目的も方法も違ってくるわけです。しかしながら，同じ人間の手，指を使うという点では共通しております。そこでまず，人の手，指について今一度考えてみましょう。

## 1　脳と手との関係

　手，指を運動させることは，血液の循環と頭の回転をよくし，ストレスの解消，イライラもおさめる効果があり，ひいては長寿にもつながるといわれております。では，この手，指の動きがどのようにして大脳と密接なつながりをもっているのでしょうか。

　ドイツの偉大な哲学者カントは「手は外部の脳である」といっています。この言葉は大脳生理の面からも十分証明できるといわれています。（東大病院内科医，栗田昌裕先生）

　それは手の働きを決める大脳にある運動神経細胞が，手以外の部分を支配する運動神経細胞に比べて非常に大きいということが解ったからです。大脳の分業地図を見てみると，大脳は中心溝という溝で前頭葉と頭頂葉とに区切られており，その溝の前頭葉寄りには随意運動に関する運動野があり，その部分が大きな位置をしめているわけです。それが手を動かしたり刺激したりすることで，大脳の中の運動神経を刺激し，それがひいては大脳全体の動き，血行を活発

にすることにつながるわけです。このように脳と手の関係は非常に大きな意味を持っています。

## 2　長寿と健康との関係

　ピアニストに長寿の方が多いのは有名です。ホロヴィッツ氏は85歳まで演奏活動をしておりました。このような壮健さは若いときから，絶えず指を使って脳を刺激し続けた結果だといえます。

　また，アメリカの偉大な事業家ロックフェラー氏は若いときからバンジョーが好きで，ひまをみては演奏していたそうです。もっとも有名なのは常にクルミを手の中で回していたことです。

　日本では，102歳まで生きた教育者の棚橋絢子先生も日頃からクルミを手の中で回しておりました。

　この人たちはクルミを回して指先を運動させることにより血液の循環と頭の回転をよくし，長寿と事業の成功をおさめたといえます。

　イギリスのアガサ・クリスティも長生きをしております。彼女の趣味は編物でした。編物仕事は指先運動の典型です。また，呉服商の反物を巻く作業や，もみ手も頭脳に刺激を与え，健康と長寿をもたらしてくれるわけです。また，フランスの哲学者のアランは，ものを書くということについて「文字を美しく上手に書こうとするための指先，手首の動きに対する努力は必ず頭脳に反映せずにおかないだろう」といっております。このように手，指を動かすことにより大脳に刺激をもたらし，ひいてはそれが長寿と健康を生むことになります。

## 3　手指の運動とリハビリとの関係

　人間の筋肉はまったく使わないと1日20％ずつその能力が失われていくといわれています。

例えば，脳卒中などの脳血管系統の病気によって起きた機能障害，神経痛，リウマチなどによる関節や筋肉の障害のために，体を動かすことができないままでいると筋肉はますます硬くなり，力が無くなってしまいます。もし不幸にも機能障害になったときのリハビリは，右手の指先を毎日少しずつ動かすことからはじめることが多くあります。すなわち指の運動は，前述のとおり脳を刺激し脳の障害を回復させるのに重要な役割を果すわけです。

　例えば一時は再起不能といわれた人で，まず指先を少しずつ動かすことから涙ぐましい努力をした結果，みごとにカムバックした人も大勢います。しかし，ここで「手あそび」をリハビリテーション機能訓練ととらえるのは危険です。「手あそび」はあそびながら機能訓練をするという面からとらえるべきでしょう。すなわち，リハビリを「社会復帰」ととらえるならば，リハビリのための手あそびは「セラピューティックレクリエーション」（治療的レクリエーションともいわれています。）としてとらえるべきでしょう。

　セラピューティックレクリエーション活動は，障害の改善や能力の維持に関して自分自身が楽しんで継続し，障害の克服に向かえる援助運動ととらえるべきでしょう。

## 4　指導上の留意事項

　これから実際に「手あそび」を指導するに当たっての留意事項を申し上げます。

① 健常者以外の方々に手あそびを指導するに当たっては，必ず介護士，理学療法士，作業療法士，看護婦のうちどなたか1人と一緒に行いましょう。どうしてもそれらの人がいない場合には前もってよく打合せをし，指示を仰いでください。

② レクリエーションとして手あそびを行うときは，参加者にそ

の目的をきちんと説明しましょう。特に内容によっては幼児と同じあそびですので、何の目的でするかを納得してもらったうえで行いましょう。特に初めての人には気をつけましょう。

③ 手あそびは手と指の運動です。ですから日常使っていない筋肉を使いますので、はじめる前には軽いストレッチを行ってからはじめてください。

④ 指導者は、参加者の名前を覚えましょう。名前を呼ばれるということで存在感、親しみを増します。また、参加しているという意識も高めます。そして名前を呼ぶときは、はっきり大きく、ゆっくり相手に伝わるようにしましょう。

⑤ 手あそびに変化をつけるためにも、音楽や小道具を使いましょう。ボール、タンバリン、カスタネット、太鼓等、音楽もCDを使ったり、リーダーが演奏できればなおけっこうです。

⑥ 手あそびをはじめるときは、お年寄りのペースに合わせてゆっくりと大きな声ではっきりと行いましょう。また、終了もきちんとしてください。終了合図で急いで立ちあがって転倒したり、まわりの人にぶつかったりしないように注意してください。

以上、この本を使っていただくに当たっていろいろ申し上げましたが、今のところ、手と脳の関係についてはある程度解明しつつありますがリハビリテーション分野での有効性については正しく明確化されていない面もたしかにあります。

しかしながら、手指の運動が長寿や健康に、障害の改善や能力の維持に効果があることは間違いありません。本書を通して、障害のある人にもない人にも、楽しく生きるよろこびを与えられれば幸いです。

# あたらしい 手あそび・指あそび

# 1 だせだせ「ホイ」

◯ **用意するもの**／なし

◯ **あそび方**

　リーダーが「だせだせホイ！」といいましたら，参加者は両手でにぎりこぶしを作って両手をさっとすばやく前にだしてください。

　ではいきますよ。

　「だせだせホイ！」できましたね。ではもう少しはやくしますよ。「だせだせホイ！」

　こんどは「だせだせホイ！」といったら，手のひらを広げて両手をすばやく前にだしてください。

　ではいきますよ。

　「だせだせホイ！」おや，にぎりこぶしの人がいましたね。こんどは手を広げるのですよ。「だせだせホイ！」

　つぎは少しめんどうですが，右手は広げて前にだし，左手はにぎりこぶしを作って胸の前につけます。その姿勢で「だせだせホイ！」といったら，右手はひっこめてにぎりこぶしを作って胸につけ，左手はさっと前にだし手を広げます。

　つぎの「ホイ！」で，はじめの姿勢にもどります。

◯ **留意点**

　はじめはゆっくりと，リズミカルにやりましょう。なれてきたら少しずつはやくします。

あたらしい手あそび・指あそび

最後の動作は，はじめにゆっくりと練習しましょう。

○ **効果**
にぎる広げる手を変えるという，手の運動と敏捷性(びんしょう)をやしないます。

# 2 玉送り

## ◯ 用意するもの
　ピンポン玉（片手で渡せるものなら何でもけっこうです。例えば，ハンドティッシューペーパー等）

## ◯ あそび方
　リーダーも輪の中に入って円を作ります。リーダーはピンポン玉を持って右隣の人にそのピンポン玉を渡します。ただし，渡すときに必ずその玉に関して何かをいって渡します。

　例えば「このピンポン玉はケネディ大統領が使ったものです」といって渡します。渡された人はそれを受け取って，同じように前の人と違う事をいって右隣の人に渡します（例えば「このピンポン玉は東京駅の便所でひろったものです」等）。

　こうして，次々と右隣の人に渡していきます。

## ◯ 留意点
　何かを大きな声で話す，ものを考えるという事を指導してください。

## ◯ 効果
　受け取る，渡すという手の運動，ものを考えるという創造性，大きな声をだす発声運動の効果。

あたらしい手あそび・指あそび

# 3 右手（左手）送り

## ◯ 用意するもの
　ハンカチ2枚（タオルでもよい）

## ◯ あそび方
　紅白2組に分かれ，各組とも横1列になりお互いの組どうし向き合います。
　各組の先頭の人は右手（又は左手）にハンカチを持ちます。
　リーダーの「はじめ」の合図で右手だけを使って隣に座っている人にハンカチを送ります。隣の人は右手だけを使ってハンカチを受け取り，また隣の人に渡します。
　こうして最後の人まで早く送った組が勝ちとなります。

## ◯ 留意点
　両手を使うと負けになりますので注意してください。一度練習してからはじめるとよいでしょう。
　二回目は今まで使わなかった方の手を使うようにしましょう。

## ◯ 効果
　手と上肢を使う運動。

あたらしい手あそび・指あそび

# 4 おみくじボール

○ **用意するもの**

　段ボール箱10個，ゴムボール（直径7〜10cmの子ども用カラーボール），更紙10枚，油性フェルトペン

○ **あそび方**

　B4ぐらいの更紙に「長寿」「さがし物みつかる」「家内安全」「恋人来たる」「商売繁盛」「大吉」「中吉」「小吉」「無病息災」「金運あり」と書き，それぞれの箱にはります（参加者がよく見えるようにはる）。

　この箱をスタートラインから適当に離れた所に置きます。

　参加者はゴムボールを持ってうしろ向きにスタートラインに立ちリーダーの合図でボールを投げ入れます。

　さあどんなおみくじが当たるでしょうか。

○ **留意点**

　はじめはスタートラインに正面に立ち，どこにどんなおみくじ箱があるかよく見て，それからうしろ向きに立たせてください。

　投げ方は，上に向かって箱に入るように指導してください。

○ **効果**

　うしろ向きに投げることによる上半身の運動効果。

あたらしい手あそび・指あそび

# 5 ボトルたおし

○ **用意するもの**

　空のペットボトル（1.5ℓ）10本，ゴムボール1個

○ **あそび方**

　空のペットボトルに約0.3ℓぐらいの水を入れ，しっかりとふたをします（水ではなく砂でもよい）。

　このペットボトルを図のように並べます。

　参加者はボールを持ってスタートラインに立ちます。リーダーの合図で，ねらいをつけて投げます。3回投げる事ができますのでどこをねらってもけっこうですが，多く倒した人が勝ちです。

○ **留意点**

　参加者によって投げる位置を変えてください。片麻痺の人には片手でつかめるボールを使用してください。

　リーダーは1回ごとに倒れたペットボトルを取りのぞいてください。

○ **効果**

　投げる，つかむ手の動作効果。

あたらしい手あそび・指あそび

# 6 玉入れ

## ◯ 用意するもの
　古新聞（適当，人数によりふやす。1ページずつ切っておく）
　口の大きなゴミ箱2個

## ◯ あそび方
　紅白2組に分かれます。各組ともゴミ箱を中心に輪になって座ります。各自のそばに1ページに切った古新聞を置いておきます。
　リーダーの「はじめ」の合図で，各自古新聞を1枚取りまるめてボールを作り，そのボールを中央のカゴの中に入れます。
　リーダーの「やめ」の合図で，玉入れのように紅白組一緒に数をかぞえます。

## ◯ 留意点
　このゲームの目的は，はやさをきそうのではなくにぎる動作の訓練と投げるという手の運動にあります。したがって，急いでボール作りをするよりも，きちんとボールを作るように指導してください。
　片麻痺の方でも，きき手でボールを作るように指導してください。
　又，車椅子の方には近くにテーブルを置き，古新聞を取りやすくしてください。

あたらしい手あそび・指あそび

○ **効果**

にぎる，投げる手の運動効果。

# 7 射的

## ◯ 用意するもの

マジックテープ（40cm×40cm），なければガムテープでもよい。フェルトのボール（ピンポン玉ぐらいのもの）数個（1人3個ずつの数）

## ◯ あそび方

マジックテープに図①のように円と点数をかく。

このテープを壁にはりつけます。

参加者はフェルトの玉を3つもらい，はってあるテープから約2mぐらい離れた所に立ちます。

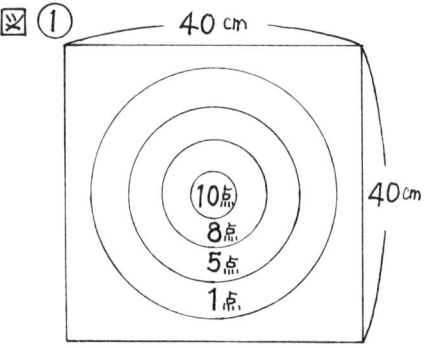

リーダーの合図で，フェルトの玉を1つずつ投げ3回分の点数を合計します。こうして一番点数の多い人が勝ちです。

## ◯ 留意点

マジックテープの的はなるべく大きくした方がよいでしょう。

マジックテープをはる位置や，投げる位置は参加者によって変えましょう。例えば車椅子の場合は的の位置を車椅子での目の高さまで下げるとか，又，元気な人は投げる位置を少し遠くするとかして

あたらしい手あそび・指あそび

ください。

○ **効果**
　投げる，にぎる，手の動作による効果。

# 8 鼻，耳，ドン！

○ **用意するもの／なし**
○ **あそび方**
　① 左手で左耳をつまみ，同時に右手は鼻をつまみます。
　② 次に拍手を１つします。
　③ 次に左手で鼻をつまみ，同時に右手は右耳をつまみます。
　④ 次にまた拍手を１つして，左手は左耳をつまみ同時に右手は鼻をつまみます。

以上，「はとぽっぽ」「もしもしかめよ」など，皆さんの知っているうたをうたいながらこの動作をくりかえします。

うたに合わせてこの動作を続けている途中でリーダーは大きな声で「ドン！」といいます。

「ドン！」といわれた参加者は片方の手で鼻をつかみ，もう片方の手を交差して耳をつかみます。(例えば右手で鼻をつかみ左手で右の耳をつかみます。)

○ **留意点**
「ドン！」といったときあわてて両耳を交差してつかんだりする動作がおもしろいゲームですが，はじめはゆっくり，だんだんはやくしてください。

あたらしい手あそび・指あそび

## ○効果

つまむ手の運動と敏捷性をやしなう効果。

# 9 しりとりリレー ①

## ◯ 用意するもの
手ぬぐい（ハンカチでもよい）1枚

## ◯ あそび方
　リーダーを入れて円い輪になって座ります。
　リーダーは手ぬぐいを持って，右隣（左でもよい）の人にその手ぬぐいを渡します。そのとき「あ」といって渡します。
　渡された人は「あ」のつくものをいって次の人に渡します。
　例えば「あめ」といって次の人に渡し，次の人は「めだか」といってその次の人に渡し，次の人は「カラス」といってしりとりをしながら渡していきます。最後にまたリーダーの所へもどります。

## ◯ 留意点
　しりとりではなく字を指定してまわすのもおもしろいでしょう。
　例えば「あ」の字を指定し，「あめ」「あじ」「アイスクリーム」とつぎつぎにいっていきますが，前にいった人のものはいえないようにします。

## ◯ 効果
　声を出す効果と，受けとり，渡す手の運動。

あたらしい手あそび・指あそび

# 10 しりとりリレー ②

## ◯ 用意するもの
手ぬぐい（ハンカチでもよい）1枚

## ◯ あそび方
リーダーを入れて円い輪になって座ります。

昔こういうあそびがありましたね。「さよなら三角，またきて四角，四角はとうふ，とうふは白い，白いはうさぎ，うさぎははねる……」

リーダーは何かをいって右隣（左でもよい）へ手ぬぐいを渡します。渡された人はリーダーのいったことばに何か関係のあるものや共通点のあるものをつけくわえて隣の人に渡します。

例えば，「◯◯さんはきれい」「きれいはチューリップ」「チューリップは赤い」「赤いはリンゴ」「リンゴは甘い」……。

## ◯ 留意点
一度出たことばは使わないようにしましょう。あせらずゆっくり考えるゆとりを取りましょう。それでもつまってしまったら，そこからあらたにはじめましょう。

## ◯ 効果
考えて話す，思考力と創造性と手の運動。

あたらしい手あそび・指あそび

# 11 真昼の決闘

○ **用意するもの**／なし

○ **あそび方**

　剣道の「めん」「どう」「こて」の動作を覚えます。

　「めん」は手で刀を持ち，相手の額を打つ動作をします。「どう」は右手を自分の腹に当てます。「こて」は右手で左手首をおさえます。

　紅白に分かれ，代表が一人ずつ出て勝負をします。お互いに向き合って立ちます。ジャンケンで勝った方は攻め手，負けた方は受け手になります。はじめはお互いに右手を左の腰に当て刀を抜くポーズをとります。

　リーダーの「はじめ」の合図で攻め手の人はころあいを見て「めん」「どう」「こて」のいずれか大声で叫びその動作をします。

　攻め手の動作につられて受け手が同じ動作をしたら，攻め手の勝ちです。受け手が攻め手と同じ動作をしないときは，負けになりませんので，今度は攻め手と受け手が交たいします。

　こうして勝負がつき負けた人は二番手の人に替わります。残った組が勝ちになります。

○ **留意点**

　はじめに「めん」「どう」「こて」の動作と「かまえ」の動作を練習します。

あたらしい手あそび・指あそび

片麻痺の人はきき手でしましょう。

◯ **効果**

敏捷性の訓練と手，上半身の運動効果。

# 12 ぐる，ぐる，パー

○ **用意するもの／なし**
○ **あそび方**
　リーダーと一緒に「ぐるぐるぐる」といいながら両手を胸の前で糸巻きのように回します。
　リーダーが「ぐる，ぐる，ぐるパー！」といったら参加者は回している両手でポンと1つ拍手をします。
　リーダーが「ぐる，ぐる，ぐるチョキ！」といったら参加者は回した両手を上にあげてバンザイをします。
　リーダーが「ぐる，ぐる，ぐるグー！」といったら参加者は回した両手をひざの上におきます。
　では今度はリーダーが「グー，チョキ，パー」の何をいうかわかりませんよ。
　ではみんなで「ぐる，ぐる」しましょう。

○ **留意点**
　はじめに「グー，チョキ，パー」の動作を練習してください。
　又，展開として，パーで拍手1つ，チョキで拍手2つ，グーで拍手3つするというのもいいでしょう。どちらにしてもはじめはゆっくりと，だんだんはやくしましょう。

あたらしい手あそび・指あそび

○ **効果**

手を動かす運動，敏捷性。

ぐるぐるぐる

ぐるぐるぐる
チョキ！

# 13 バクダン

## ◯ 用意するもの
　ドッジボール1個（バスケットボール，サッカーボールでもよい），ゴム，又はプラスチックのカラーボール（1人2個×人数分）

## ◯ あそび方
　紅白2組に分かれ，横1列になり向き合います。向き合う2組の間は約3～5mぐらいにします。

　向かい合っている中央にドッジボールを置きます。各組1人カラーボールを2個持ちます。

　まんなかにあるボールはバクダンです。

　リーダーの「はじめ」の合図で，バクダンが相手側に行くように手に持っているカラーボールをぶつけます。カラーボールがなくなったら，飛んできたカラーボールをひろい，それを使います。

　「やめ！」の合図でバクダンがどっちの組に近いかによって勝負をつけます。

## ◯ 留意点
　①　人数や障害の程度によって向き合う距離をきめてください。
　②　職員はカラーボールをひろうのを手伝ってください（特に片麻痺や車椅子の方）。
　③　「やめ！」の合図は勝負がはっきりしたときにしてください。

あたらしい手あそび・指あそび

○ **効果**

ぶつけるという集中力，投げるという上肢の運動。

37

# 14 石投げ

## ○ 用意するもの
金だらい(金の洗面器，小石が入ると大きな音がするもの)，小石数個

## ○ あそび方
紅白2組に分かれ，スタート地点にたて1列に並びます。

スタート地点から3mぐらい離れた所に金だらいを1つ置きます。

紅白の先頭の人は小石をリーダーから1つもらい，その地点から金だらいに向かって投げ入れます。

うまく入ったら到着地点まで行くことができます。そして次の人が先頭になり同じように石を投げ入れます。

入れられなかった人は，リーダーからまた石をもらって投げ入れます。

こうして，はやく到着地点に全員が渡った組の勝ちとなります。

## ○ 留意点
石が入ることにより音が出るところがおもしろいのですから，音が出やすいように置き場を工夫してください。

参加者の状況によって投げ入れる距離を短くしてください。

あたらしい手あそび・指あそび

○ **効果**

投げるという上肢の運動，入れるという集中力をやしなう。

# 15 魚屋さん

○ **用意するもの**

音のでるものなら何でもよい（タンバリン，カスタネット，太鼓，金だらい，空き缶等）

○ **あそび方**

参加者は音のでるものを1つ持ちます。

リーダー「今日は皆さんで魚屋さんに行って，魚と貝を買いましょう。私が魚屋さんで売っているものを1つずついいますので，それが魚屋さんで売っているものでしたら，手に持っている物をたたいて音をだしましょう。」

では，いきますよ。

サンマ，カツオ，タコ，イカ，イワシ，タワシ

あれ！　タワシを魚屋で売っています。

では，もう一度いきますよ。

○ **留意点**

何もなかったら，机をたたくようにしてください。なるべく楽器や金だらい等音がでるものを用意してください。

魚屋さんの他に，八百屋さん，電気屋さん等でやってみましょう。

あたらしい手あそび・指あそび

○ **効果**
　物をたたく手の運動と敏捷性。

# 16 砲丸投げ

## ◯ 用意するもの
紙風せん数個

## ◯ あそび方
これから皆さんで砲丸投げをしましょう。でも実際の砲丸は使えませんので，ここに紙風せんをふくらませておきました。

この紙風せんを左手の手のひらにのせ，右手でこの紙風せんをたたきとばします。

さあ，だれが一番遠くまでとばすことができますか。

## ◯ 留意点
できれば，紙風せんを各自がふくらませるところから指導してください。また，片麻痺の方にはリーダーが手のひらに紙風せんをのせ参加者のきき手でたたきとばすように指導してみてください。

また，この紙風せんを使ってバレーの試合もできますので，色々応用してみてください。

## ◯ 効果
おもいきりたたく爽快感，手の運動。

あたらしい手あそび・指あそび

# 17 はなはな

○ **用意するもの**／なし

○ **あそび方**

　参加者はリーダーのいうとおり動きます。

　「まず右の人さし指を出して天井を指さしてください。そのまま大きく五回まわしてください。1，2，3，4，5，そうしたらその指を鼻に持ってきます。つぎに『はなはな……耳』といったら，指を耳に持っていってください。できたらまた指をもどします。つぎに『はなはな……口』といったら口に指を持っていきます。こうして指を鼻から私のいうところへ動かし，また鼻にもどします。」

　ではやってみましょう。「はなはな……おへそ！」（こういいながら指を頭に差します。）あれ！　こんな所におへそがある人がいますね。私はまちがえることもありますが，皆さんはつられてまちがえないようにしましょう。

○ **留意点**

　はじめはゆっくり，だんだんはやく，なれたらわざとまちがえてください。

○ **効果**

　手の運動と敏捷性。

あたらしい手あそび・指あそび

45

# 18 花火

○ **用意するもの**／なし

○ **あそび方**

　今日は皆さんで大きな花火をあげてみましょう。

　足もとで，ジューッとマッチをつけるまねをします。それから両手を合わせてシュルシュルシュルといいながら手を上の方にあげていきます。

　頭の上までいったらパン！　といって両手を強くたたきます。そしてその両手を「お星様キラキラ」するようにしてパラパラとさげます。

○ **留意点**

　いろいろ展開してみます。一人ずつ間をあけてすると連発になります。又，拍手を１つではなく２つにしても連発になります。

　又，花火をあげる人を，男の人だけ，女の人だけ，ハンサムと思っている人だけ，美人と思っている人だけと限定するなどして応用してみてください。

○ **効果**

　身体全体の運動，リズム感，敏捷性もやしないます。

あたらしい手あそび・指あそび

ジューッ
①

シュル
シュル
シュル
②

パン！
③

④

47

# 19 やり投げ

○ **用意するもの**

紙テープ，クリップ数個，口の大きな紙くず箱

○ **あそび方**

紙テープを12cmぐらいに切り，たて半分に細長く折り，先にクリップをつけて投げやりを作ります。

参加者は円を作りクリップの投げやりを持ちます。円のまんなかに紙くず箱を置きます。（半径3mぐらいがいいでしょう。）

リーダーの合図で紙くず箱に向かってクリップのやりを投げ入れます。

○ **留意点**

紅白2組に分かれ，順番に行い，どっちの組が多く入ったか競争しましょう。

やり投げのやりを作るところからはじめましょう。又，離れた所に標的を作り当てるのもよいでしょう。

○ **効果**

折紙をする指の運動，投げるという上肢運動。

# 黎明書房

〒460-0002
名古屋市中区丸の内3-6-27 EBSビル
TEL.052-962-3045 FAX.052-951-8886
E-mail:info@reimei-shobo.com
東京連絡所／TEL.03-3268-3470
■価格は税［5％］込みで表示されています。
■ホームページでは，書籍のカラー画像や目次など，小社刊行物の詳細な情報を提供しております。「総合目録2011版」ダウンロードできます。

## REIMEI SHOBO
### 新刊・近刊案内
**2011.8月　NO.147**

## http://www.reimei-shobo.com/

## ▼8月の新刊

### Dr・歯科医師・Ns・PT・OT・ST・PHN・介護福祉士みんなで考えた
### 高齢者の楽しい介護予防体操＆レク
浜松市リハビリテーション病院 病院長・日本嚥下医学会理事長藤島一郎／監修　青木智恵子／著
B5判　135頁　定価2730円　8／上刊　一般の方から専門の方まで使える，根拠をもつ転倒予防・えん下障害予防の運動・体操・レク＆ゲームを楽しいイラストを交え紹介。

### 自尊感情を持たせ，きちんと自己主張できる子を育てるアサーショントレーニング40
### －先生と子どもと親のためのワークブック
リサ M. シャーブ／著　上田勢子／訳　B5判　192頁　定価2835円　8／上刊
教室や家庭，カウンセリングの場で，コピーして子どもが楽しくできるワークブック。

### シリーズ・教育の達人に学ぶ②
### 教室に笑顔があふれる中村健一の安心感のある学級づくり
中村健一／著　A5判　158頁　定価1890円　8／中刊

### シリーズ・シニアが笑顔で楽しむ③
### 要支援・要介護の人も楽しめるシニアの心と身体が自然に動く歌体操22
斎藤道雄／著　A5判　93頁　定価1680円　8／下刊
要支援・要介護者向けのグー・チョキ・パーの動きで簡単にできる歌体操11曲22種。

## ▼自費出版お引き受けします　「自費出版」原稿募集のお知らせ

　黎明書房の60余年にわたる出版活動の経験を生かし，自費出版のお手伝いをいたします。出版をご希望の方は，小社「自費出版係」まで，詳細をお問い合わせください。Tel. 052-962-3045
E-mail:info@reimei-shobo.com　詩集／句集／歌集／自分史／論文集／小説／随筆集／その他
（小社の方針に添わない場合は，出版をお引受けできない場合があります。）

ホームページではより詳細な情報をご覧いただけます。

## 5・6・7月の新刊

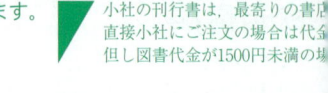

### みんなで楽しむ
### キャンプファイアーの進め方＆歌・ゲーム
―キャンドルサービスの演出も付いています　**重版出来**

巡 静一／編著　　『キャンプファイアーとキャンドルの演出』を一部割愛，精選。
四六判　151頁　定価1680円　ISBN978-4-654-07624-6

準備から進行，展開例を懇切に解説。雰囲気を盛り上げるのに効果的なゲーム・ソング38種も楽譜・イラスト付きで紹介した決定版。

### 子どもも保護者も愛読者にする
### 小学校4・5・6年の楽しい学級通信のアイデア48

小学校1・2・3年編　好評発売中！

蔵満逸司／著
B5判　102頁　定価2100円　ISBN978-4-654-01856-7

子どもとの距離も保護者との距離もぐっと近づく学級通信を48種紹介。「中学校ニュース」等，高学年ならではの新鮮なネタが満載。

### 分厚くなった教科書を活用した40の指導法
―今度こそ「教科書"で"教えよう」

新しい教科書利用のための即応マニュアル。全教師必読！

加藤幸次／著
A5判　144頁　定価2100円　ISBN978-4-654-01857-4

分厚くなった新しい教科書を効率よく使って，学習指導要領の示す各教科の目標を確実に達成する40の方法を具体的に紹介。

### スーパーアドバイザーになるための
### おもちゃコンサルタント入門②
―人々の生活の中に生き続けるおもちゃ

おもちゃのプロになろう。

東京おもちゃ美術館館長 多田千尋／編著
B5判　93頁　定価2100円　ISBN978-4-654-07623-9

日本・世界のおもちゃ文化の歴史や，ガラガラ・おはじき・お手玉等，いつの時代も生き続けるおもちゃの魅力を語る。

お求めいただけます。書店にない場合は、その書店にお申込みください。
換になります。図書代金（本体価格＋消費税）と送料（200円）が図書受取時にかかりますのでご了承願います。
には送料が500円必要となります。図書代金が5000円以上の場合は、小社で送料を負担します。

## 実践ですぐ使える絵画療法② コラージュ療法

幼児、子どもから成人、高齢者にまで使えます。

日本描画テスト・描画療法学会理事
アートセラピー研究会代表　　加藤孝正／監修　杉野健二／著
Ａ５判　228頁（カラー口絵2頁）　定価3045円　ISBN978-4-654-00342-6

コラージュの制作によって心のケアや治療をはかる「コラージュ療法」の手順等を、事例と多数の作品を通してわかりやすく説明。

## 増補 名詩の美学

西郷竹彦／著
四六判・上製　389頁　定価4200円　ISBN978-4-654-07625-3

近・現代の名詩を分析し、詩の持つ文芸としての美の本質・構造について明快に語る。誰もが豊かな深い読みを体験できる詩の読み方を提示。宮沢賢治「烏百態」「永訣の朝」に関する詩論等を増補。

## 新学習指導要領を見通した
## 岡崎附属小の社会科・生活科の授業

酒井宏明・愛知教育大学附属岡崎小学校社会科研究室／編著
Ａ５判　132頁　定価1890円　ISBN978-4-654-01860-4

子どもの実態に合った教材を地域から選定し、子どもの思考に沿った体験的な活動で豊かな表現力を育む岡崎附属小の授業実践を紹介。

## 学ぶ楽しさを生む授業・教師・学校をつくる

酒井宏明・若手教育者研究会／編著
Ａ５判　124頁　定価1890円　ISBN978-4-654-01861-1

子どもたちに学ぶ喜びを体験させるための授業・教師・学校づくり。小・中学校の一流教師による優れた実践を多数紹介。

新刊・近刊案内は年4回発行です。

# 5・6・7月の新刊

シリーズ・シニアが笑顔で楽しむ①
## 軽い認知症の方にもすぐ役立つ
# なぞなぞとクイズ・回想法ゲーム

重版出来！

今井弘雄/著　A5判　93頁　定価1680円　ISBN978-4-654-05691-0
軽い頭の体操として楽しめる，なぞなぞ，とんちクイズや，軽い認知症の方も楽しく参加できる「回想法を使ったゲーム」を紹介。

シリーズ・シニアが笑顔で楽しむ②
## シニアのための座ってできる
# 健康体操30＆支援のヒント10

斎藤道雄/著　A5判　93頁　定価1680円　ISBN978-4-654-05692-7
体操支援のプロが，シニアの心と身体を元気にする，座ったままでできる体操30種を，ねらい，支援のポイントと合わせ紹介。

# ロマンとアンチロマンの医学の歴史

古井倫士/著
四六判・上製　200頁　定価2625円　ISBN978-4-654-07621-5
安倍晴明と丹波康頼，バーバーポール，秀吉の医師団，悲しみばかりが心に残る理由，シーボルトの愛した花など，脳神経外科医が語る医学の歴史。

# 読者のおたより

■本当に感動しました。教師をめざす人たちにぜひ読んでほしい本だと思います。(47歳・女性)　今後参考にしたいことばかりでした。何度も読み返そうと思います。(30歳・公務員)『勝つ部活動で健全な生徒を育てる』定価2100円　■解釈と鑑賞などとても楽しみました。(83歳・女性)『教室でみんなと読みたい俳句85』定価1365円　■こんなに分かりやすく，心を理解してくれる本はなかなかないです。すばらしいです。(47歳・女性)『トラウマ返し―子どもが親に心の傷を返しに来るとき』定価1785円

あたらしい手あそび・指あそび

# 20 マッチ棒入れ

## ◯ 用意するもの
　マッチ，空き缶（人数分）

## ◯ あそび方
　皆さんは「引力」ってごぞんじですよね。ではその引力を使ったあそびをしましょう。
　皆さんに1人10本のマッチ棒と，空き缶をさしあげます。まず空き缶を床の上に置きます。そしてそのそばに立ちます。
　手に持っているマッチ棒を，ゆっくりとねらいをつけて，空き缶の中に落とします。あわてると外へこぼれてしまいますよ。
　さあ，何本マッチ棒が空き缶に入るでしょう。

## ◯ 留意点
　はじめは座った姿勢で入れ，つぎに立って入れましょう。
　マッチ棒でなくて，クリップとか，小さなボールを使うのもよいでしょう。

## ◯ 効果
　集中力と敏捷性。

あたらしい手あそび・指あそび

# 21 むすんで，ひらいて

◯ **用意するもの**／なし

◯ **あそび方**

　皆さん，自分の両手をむすんで，ひらいてみてください。

　それでは両手を前にだしてください。私と一緒にむすんで，ひらいてをやってみましょう。

　リーダーは「むすんで」といって両手をにぎります。参加者もリーダーのいうとおり両手をにぎります。リーダーは「ひらいて」といって両手をひらきます。参加者も同時に両手をひらきます。

　（このように何回かくりかえしたのち，リーダーは「むすんで」といいながら両手をひらいたままにしておきます。）

　あれ！　私はまちがえましたね。でも皆さんはまちがえないようにしてください。ではいきますよ。

◯ **留意点**

　はじめゆっくりだんだんはやくして調子がのったところでまちがえてみてください。

◯ **効果**

　指をにぎる運動効果。

あたらしい手あそび・指あそび

# 22 からす，たぬき，もぐら

○ **用意するもの**／なし

○ **あそび方**

　リーダーが「からす」といったら両手を横にひろげて飛ぶような動作をします。「たぬき」といったら両手でおなかをたたきましょう。「もぐら」といったら両手を胸の前でもぞもぞしましょう。

　覚えたら，ゆっくりとリーダーのいうとおりに動作してみましょう。

　「からす，からす，もぐら」，「もぐら，もぐら，たぬき」
　「たぬき，たぬき，からす」
　「からす，たぬき，もぐら」，「もぐら，もぐら，からす」
　（こういいながらリーダーは動作をまちがえる。）

　あれ，まちがえましたね。でも，皆さんはまちがえないようにしましょう。

○ **留意点**

　一度動作を練習し，覚えてからやってください。はじめはゆっくり，だんだんはやくなったところでわざとまちがえてください。

○ **効果**

　敏捷性と，上肢と手の運動。

あたらしい手あそび・指あそび

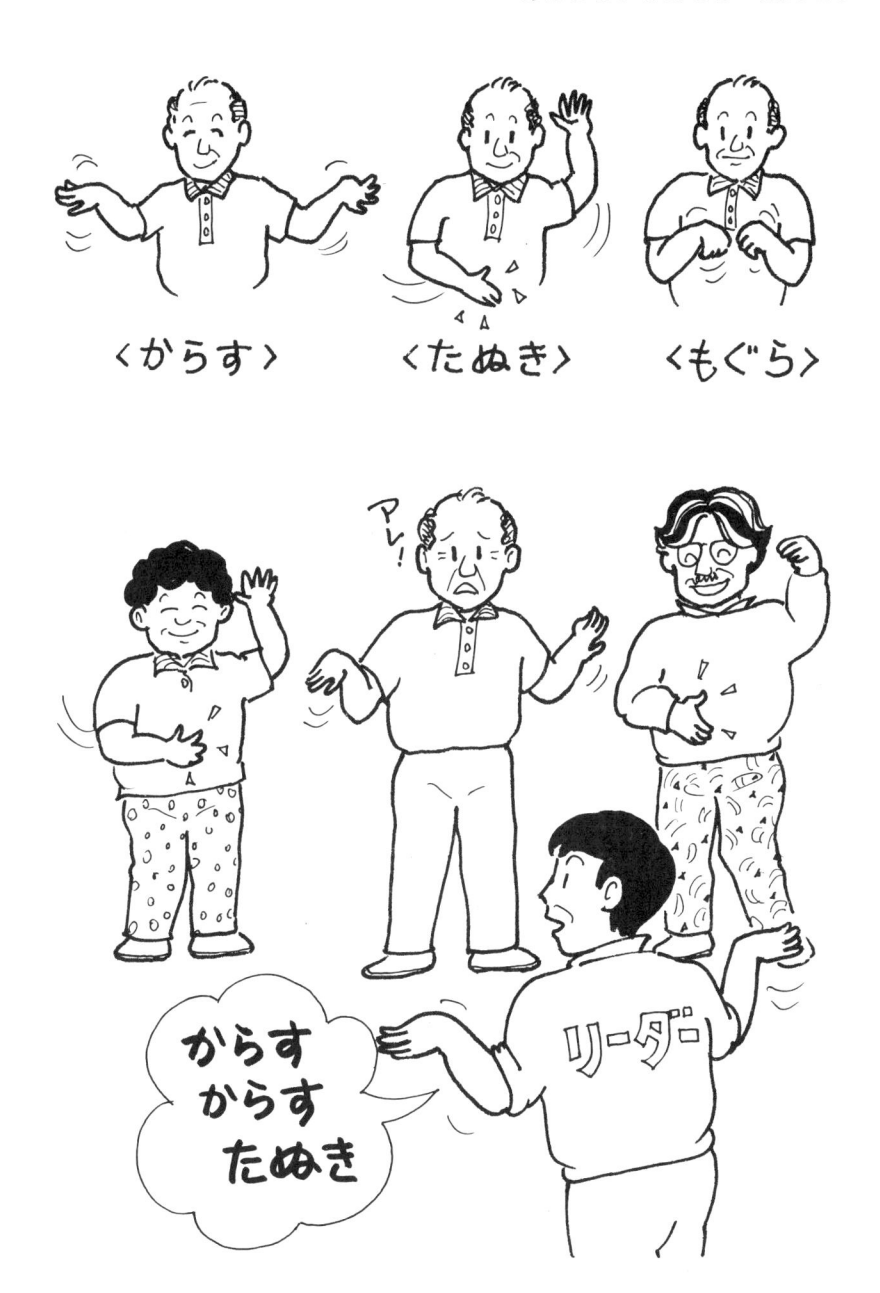

〈からす〉   〈たぬき〉   〈もぐら〉

からす
からす
たぬき

リーダー

# 23 耳持たないで鼻持って

◯ **用意するもの／なし**

◯ **あそび方**

　ゲームで「白あげないで赤あげて」というゲームがあります。これにています。

　皆さんは，リーダーのいうとおり動作をしてください。

　「耳を持って」といったら右手で耳を「鼻を持って」といったら左手で鼻を持ってください。

　「ではいきますよ。耳持って，鼻持って，耳持たないで，鼻持って，耳持って，鼻持たないで，耳持たない……あれ，わからなくなってしまった人もいますね。もう一度いきますよ。」

◯ **留意点**

　はじめはゆっくりと練習します。つぎにだんだんと早口にしてやってみましょう。

◯ **効果**

　敏捷性と，つかむという手の運動。

あたらしい手あそび・指あそび

アッ
シマッタ…

耳持って
鼻持たないで

リーダー

# 24 トントンさすり

◯ **用意するもの**／なし

◯ **あそび方**

　皆さんの知っているうたをうたいながら両手でひざをたたきましょう。こんどは，同じうたをうたいながら，両手でひざをさすりましょう。

　つぎに1小節ずつ，たたいたり，さすったりしましょう。では「炭坑節」でやってみます。はじめはひざたたきからですよ。

　♪月が出た出た（ひざを片方の手ずつたたく）

　　月が出た（ひざを両手で交互にさする）

　　三池炭坑の上に出た（ひざを片方の手ずつたたく）

　　あんまりエントツが高いので（ひざをさする）

　　さぞやお月さんけむたかろ（ひざをたたく）

　　さのよいよい（ここの所は拍手する）

◯ **留意点**

　皆さんの知っている民謡・童謡をうたいながらやってみましょう。また展開として，右手をたたき，左手をさする動作を交互にしてもおもしろいでしょう。

あたらしい手あそび・指あそび

○ **効果**

リズム感をやしなう，敏捷性。

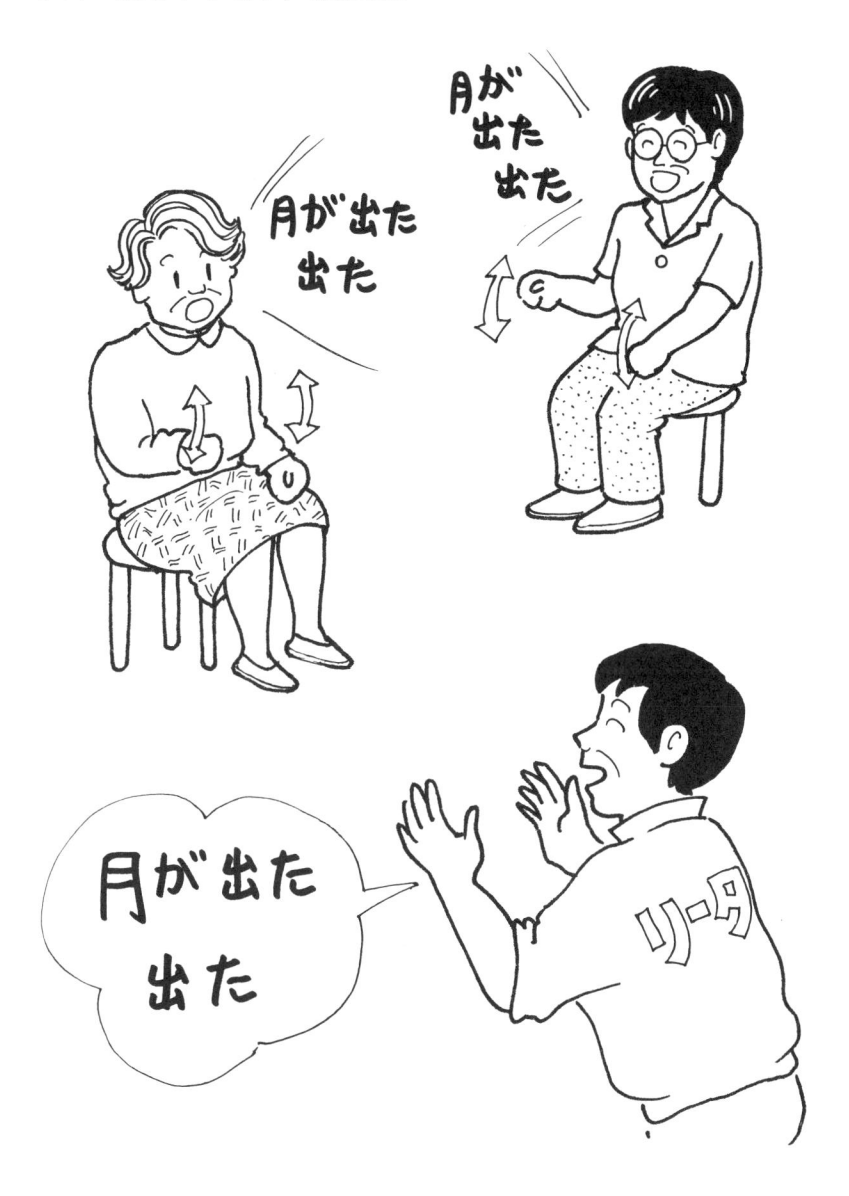

# 25 指のダンス

○ **用意するもの**／なし
○ **あそび方**

　机の上で指のダンスをしてみましょう。絵を見てうたに合わせてやってみましょう。

①　右手　左手

②

　右手の人さし指をぬくと同時に合わせて左手の小指も曲げる。

③

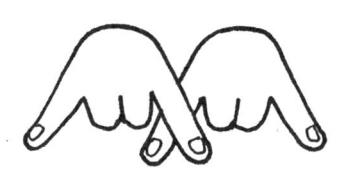

　右手の人さし指をぬき左手の人さし指の上に重ねる。
　同時に左手の小指の曲げたのをもとにもどす。

④

　左手の人さし指をぬくと同時に合わせて右手の小指を曲げる。

あたらしい手あそび・指あそび

⑤ 左手の人さし指をぬき，右手の人さし指の上に重ねると同時に右手の小指のまげたのをもとにもどす。

◯ **留意点**

はじめゆっくりとリーダーがやって見せてください。

つぎに参加者が1つづきの動作をゆっくりとやってみて，できるようになったら曲に合わせて指のダンスをしてみてください。

左右の小指と人さし指に顔を描いてつけると楽しくなります。

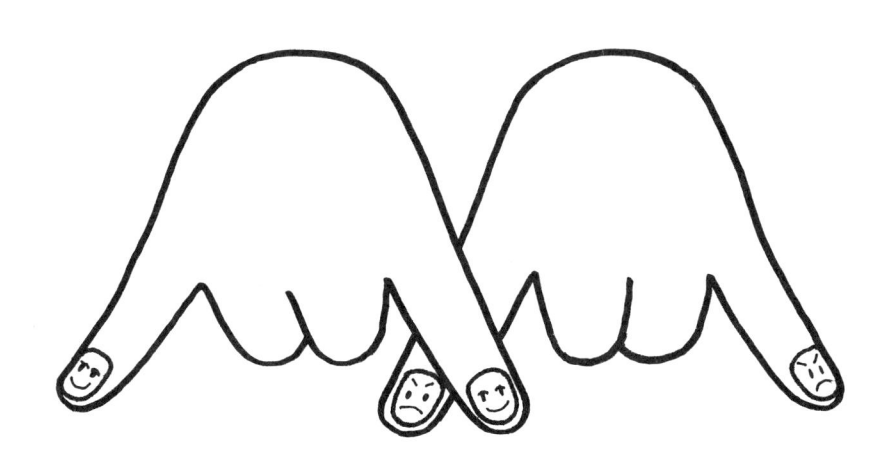

◯ **効果**

指を動かす運動。

# 26 紙拍手

○ **用意するもの**

新聞紙（1人1ページ×人数分）

○ **あそび方**

まず皆さんで拍手をします。
つぎに手と手を合わせてその間に新聞紙を1枚はさみます。リーダーの合図でこの新聞紙を落とさないように拍手をします。
さあ，何回拍手ができるでしょう。
では立ってやってみましょう。

○ **留意点**

まず，リーダーがやって見せます。そして新聞紙の下の方をはさみ拍手をしていくように指導します。
誰が一番たくさん拍手ができたか競争しましょう。

○ **効果**

敏捷性の訓練になります。

あたらしい手あそび・指あそび

# 27 ハンカチ相撲

## ◯ 用意するもの
ハンカチ1枚

## ◯ あそび方
　紅白2組に分かれます。各組1人ずつ正面に向き合い、きき手でハンカチの端をつまみます。
　行司役のリーダーの「ハッキョイ、ノコッタ」の合図でお互いに引っぱり合います。
　ハンカチの残った方が勝ちとなります。
　組対抗戦にしたり、勝ちぬきチャンピオンをきめてもおもしろいでしょう。

## ◯ 留意点
　握力と、敏捷性をやしないます。行司役のリーダーが「ノコッタ」といってからお互いに引くようにして審判してください。

あたらしい手あそび・指あそび

ハッキョイ
ノコッタ

〈行司〉

65

# 28 リーダーはだれだ

○ **用意するもの**／なし

○ **あそび方**

　参加者の中から鬼を1人指名して、その人を部屋のすみに行かせ、後ろむきにさせ参加者が見えないようにします。参加者は輪を作ります。

　この間に、鬼にわからないようにリーダーを1人きめます。

　リーダーになった人は手拍子をします。参加者はリーダーの動作をまねて手拍子をします。鬼は手拍子がはじまったら戻って輪の中に立ちます。そしてリーダーを当てるわけです。

　リーダーは鬼にわからないように素早く動作をかえていきます。

　例えば手拍子から、肩たたき、ひざたたき、頭をたたく等、その間に鬼はリーダーがだれか当てます。

○ **留意点**

　鬼は最初から輪の中心にいて目かくしをしてもよいでしょう。

　参加者はリーダーの方ばかり見ているとすぐ見破られてしまいますので、ゲームをはじめる前に注意しましょう。

○ **効果**

　リズム感と敏捷性、上肢と手の運動。

あたらしい手あそび・指あそび

鬼

67

# 29 ちょっと変わったカルタ取り

## ◯ 用意するもの
　厚紙（10cm×14cm　B6サイズ）94枚，油性フェルトペン，黒板（又は白板），チョーク

## ◯ あそび方
　リーダーは厚紙に1都，1道，2府，43県の名前を1枚に1つ書いておきます。
　次にリーダーは白紙の厚紙47枚を持ち黒板の前に立ちます。そして都道府県の名前を1つだけ書きます。(北の方から書いていくとよいでしょう。はじめに北海道，次に青森県……というようにもれなく書きます。)
　はじめに黒板に「北海道」と書きます。そして参加者に北海道の名産を聞いて書いていき，その内の1つを決めます。(例えば，かに，にしん，とうもろこし……などと書きそのうちの1つを多数決で決めます。)こうして決まった名産物を厚紙に書いていきます。
　こうして，47枚に都道府県の名産物を書いたカードを作ります。
　このできあがったカードでカルタ取りをします。
　参加者は紅白2組に分かれ向かい合って座ります。その向かい合って座っている前の右側に，都道府県を書いたカードをふせて並べ，左側に名産物を書いたカードをふせて並べておきます。
　リーダーの合図で，紅白どちらかの組の人が，まず右側の都道府

あたらしい手あそび・指あそび

県のカードをめくります。次に左側のカードをめくり，県名と名産物が合ったら取ることができます。

　こうして参加者が次々にめくっていきます。

## ◯ 留意点

　県名とその県の名産物が決まったら黒板に書いておきましょう。そうしないと，せっかく決めても忘れてしまう人がでたり，県が違っても同じ名産物にならなくてすみます。

　各組の人数は3〜4人の対抗がよいでしょう。あとの人は見学をし，次回に参加するように指導しましょう。

　名産物のカルタ作りは全員参加で行いましょう。

　又，名産物でなく，その県の有名な温泉とか観光地名にしてもおもしろいでしょう。一つずつゆっくりと参加者と話し合いながらカルタを作るのが一番の特徴です。

## ◯ 効果

　カードをめくる手の運動，ものを覚えていく記憶訓練，ものを思い出す訓練効果。

〈紅組〉

名産物のカード
都道府県名のカード

〈白組〉

あたらしい手あそび・指あそび

# 30 指の拍手

○ **用意するもの**／なし

○ **あそび方**

　両手の人さし指を1本ずつ出してチョンと指の拍手を1回します。

　次に同じく，人さし指と中指の2本を出してチョン，チョンと指の拍手を2回します。次に人さし指，中指，薬指の3本を出してチョン，チョン，チョンと3回拍手をします。次に人さし指，中指，薬指，小指と4本出して拍手を4回します。最後に5本の指全部で拍手を5回します。

　こんどは逆にやってみましょう。

　5本指から，だんだんへらしていって最後に人さし指で1回チョンをします。ぜんぶ終わったところでバンザイをしましょう。

○ **留意点**

　はじめゆっくり，だんだんはやくします。又，2人向かい合って人さし指同士合わせて指の拍手をします。

○ **効果**

　指の運動。

# 31 いちごが1コ

○ **用意するもの**／なし
○ **あそび方**

　両手の指を1本立ててください。(人さし指)
　「いち」のつく食べ物を考えましょう。「いちご」がありますね。
では，私のまねをしてください。

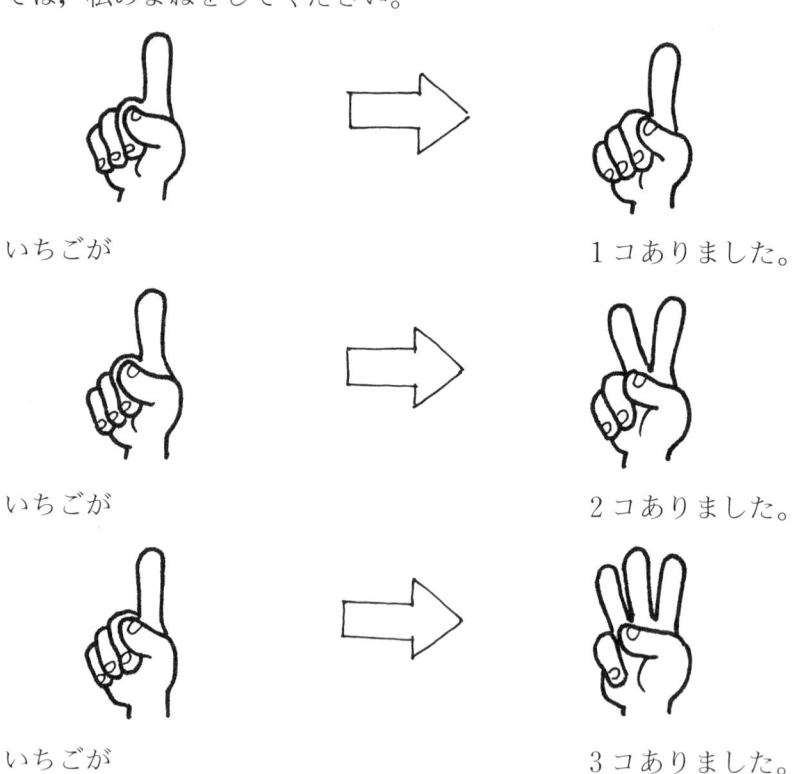

いちごが　　　　　　　　　　　　　　　1コありました。

いちごが　　　　　　　　　　　　　　　2コありました。

いちごが　　　　　　　　　　　　　　　3コありました。

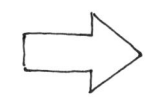

あたらしい手あそび・指あそび

いちごが　　　　　　　　　　　　　4コありました。

いちごが　　　　　　　　　　　　　5コありました。

　つぎに同じように両手の2本指を立てて「に」のつく食べ物を考えます。そうですね。「にんじん」がありますね。
　では同じようにやってみましょう。
　にんじんが1本ありました。にんじんが2本ありました。
　にんじんが3本ありました。にんじんが4本ありました。
　にんじんが5本ありました。
　つぎに同じように3本指をたてて,「さん」か「みっつ」のつく食べ物を考えましょう。そうです「みかん」がありますね。
　では,同じようにやってみましょう。
　みかんが1コありました。みかんが2コありました。
　みかんが3コありました。みかんが4コありました。
　みかんが5コありました。
　つぎに4本指をたてて「よん」のつく食べ物を考えましょう。
　そうです。「ようかん」がありましたね。
　では同じようにやってみましょう。

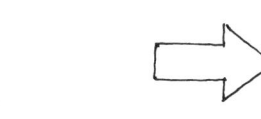

ようかんが1本ありました。ようかんが2本ありました。ようかんが3本ありました。ようかんが4本ありました。ようかんが5本ありました。

つぎに同じように5本指をたてて「ご」のつく食べ物を考えましょう。

そうです。「ごぼう」がありましたね。

では同じようにやってみましょう。

ごぼうが1本ありました。ごぼうが2本ありました。ごぼうが3本ありました。ごぼうが4本ありました。ごぼうが5本ありました。

ではおしまいに，みんな一緒に食べましょう。

いちごが1コありました。にんじんが2本ありました。みかんが3コありました。ようかんが4本ありました。ごぼうが5本ありました。

## ◯ 留意点

参加者と対話しながら一〜五のつく食べ物を考えましょう。

リズムに合わせて，ゆっくりとはじめましょう。

## ◯ 効果

指先を動かす運動効果。

あたらしい手あそび・指あそび

# 32 指かぞえ

○ 用意するもの／なし
○ あそび方
　両手をひろげて前にだしましょう。リーダーの合図で親指から折り曲げながら1，2，3，4，5とかぞえ6からは開いていきます。
　つぎに，右手は開いて親指だけ折り曲げておきます。リーダーの合図で，右手は1，2とかぞえながら人さし指から折り曲げていき左手は親指から一緒に折り曲げていきます。
　ちょっとむずかしいですね。

○ 留意点
　ゆっくりとやってみて，右手が終わったら左手にしてみてください。

○ 効果
　折り曲げるという指の運動。

〈右手〉　　〈左手〉

# 33 あんたがたどこさ

○ **用意するもの**／なし
○ **あそび方**

　昔あそんだことがある手まりうたの「あんたがたどこさ」をうたってみましょう。

　♪あんたがったどっこⓈ　ひごⓈ
　　ひごどっこⓈ　熊本Ⓢ
　　熊本どっこⓈ　せんばⓈ
　　せんば山にはタヌキがおってⓈ
　　それを猟師が鉄砲でうってⓈ
　　にてⓈ　やいてⓈ　くってⓈ
　　それを木の葉でちょいとかぶせ

① こんどはうたいながら，Ⓢの所では拍手を１つしましょう。ではやってみますよ。
② つぎはⓈの所はうたわないで拍手だけにしましょう。ではやってみましょう。
③ つぎはうたいながら手をたたきましょう。Ⓢの所では両手を上にあげましょう。
④ つぎはⓈの所で好きなポーズをしてみましょう。例えば，腕を組むとか，両手を広げるとかおもしろいポーズを作ってみましょう。

あたらしい手あそび・指あそび

⑤　つぎは，手まりをつくまねをしながらうたい，㋚のところでは好きなポーズを作りましょう。

## ◯ 留意点

　ゆっくりと色々変化させてみてください。ポーズははじめる前に各自に考えさせて，なるべくおもしろい独自のポーズを作るようにしましょう。

　楽器を使って㋚のところで鳴らしたり，たたいたりしてみてください。

　はじめにリーダーがゆっくりとオーバーに見本を見せてからやってみましょう。

　またできれば，実際にゴムボールを使ってまりつきをするのもけっこうです。

## ◯ 効果

　さまざまな変化による手と上肢の運動により血行促進をうながす。

あんたがた どっこさ

# 昔から伝わる手あそび・指あそび

# 1 ドラねこ

○ **用意するもの**／なし
○ **あそび方**

昔からある手あそびです。

**ドラねこ**

わらべうた

うちの うらの ドラねこ は

おしろい ぬって べにつけて

ひとに みられて ちょっとかく す

♪うちのうらのドラねこは　　　　　　　♪おしろいぬって

①ねこが顔をなでる動作　　　　②顔におしろいをぬる動作

昔から伝わる手あそび・指あそび

♪べにつけて

③口紅をつける動作

♪ちょっとかくす

⑤両手で顔をかくす

♪人にみられて

④右手をふる

（二番）

♪うちのうらのドラいぬは…

両手を耳に持っていき，いぬの耳を作る。あとは一番と同じ動作

## ○ 留意点

はじめにリーダーがやって見せ，その後はじめはゆっくりとやってみてください。

## ○ 効果

リズム感と，手と上肢の運動。

# 2 げんこつ山のたぬきさん

○ **用意するもの**／なし
○ **あそび方**

これも，昔からあるあそびで今でも小さい子どもがあそんでいます。

げんこつ山のたぬきさん

わらべうた

げん こ つ や ま の　　た ぬ き さ ん　　　おっ ぱ い の ん で

ね ん ね し て　　だっ こ し て おん ぶ し て　ま た あ し た

♪げんこつ山のたぬきさん

①両手のこぶしの上下をかえて7回たたく

昔から伝わる手あそび・指あそび

♪おっぱいのんでねんねして

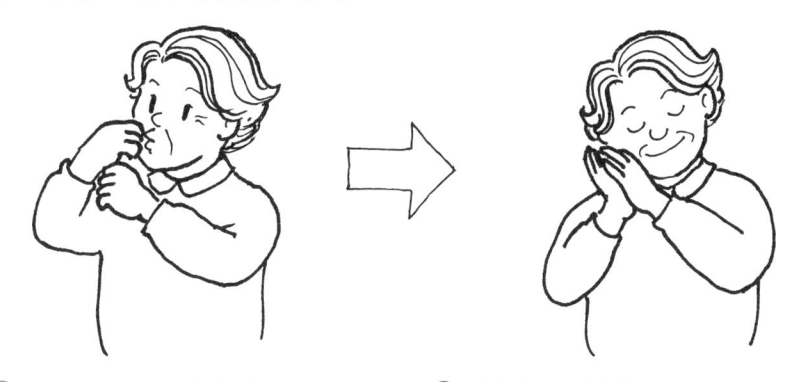

②ミルクビンでのむまね　　　③両手右のほほにあてる

♪だっこして　　♪おんぶして　　♪またあした

④だく動作　　⑤おんぶする動作　　⑥かいぐりをする

◯ **留意点**

　お孫さんと一緒にあそぶように指導してください。はじめはゆっくりと，だんだんはやくしましょう。

◯ **効果**

　リズム感と手と上肢の運動。

83

# 3 らかんさんがそろったら・・・

○ **用意するもの**／なし

○ **あそび方**

　昔からあるあそびで、自分でポーズをきめて、「らかんさんがそろったらまわそじゃないか、よいやさのよいやさ」で隣の人のまねをしていくあそびですね。

　今日は私（リーダー）と皆さんとでやってみます。皆さんは私のまねをしてください。

　私が「よいやさのよいやさ」といったときに、新しい形に変わります。皆さんは私の前の動作をまねしてください。

　ではいきますよ。

○ **留意点**

　はじめにゆっくりと練習してからやってみてください。なれてきたらだんだんとはやく、むずかしいポーズを作ってください。

○ **効果**

　敏捷性と、手と上肢を動かす運動。

昔から伝わる手あそび・指あそび

よいやさの
よいやさ

アレッ

# 4 ペンとひきゃヒュー

○ **用意するもの** ／なし
○ **あそび方**

　これも昔からあるゲームです。うたいながら次の動作をします。

♪ペンとひきゃ

①左手で三味線を持ち右手でひくようなふりをする。

♪ヒュー

②たて笛です。両手で笛をふくまねをする。

♪ステテコテンの

③両手でバチを持ってたいこをたたいているふり

♪カッポカッポ

④左肩に鼓をかかえて右手でたたいているふり

昔から伝わる手あそび・指あそび

♪コロリンシャンの

♪ピーピー

⑤両手で琴をひくふり

⑥横笛をふいているふり

ペンとひきゃヒュー

作詞／津川主一
作曲／不詳

ペン　と　ひ　きゃ　ヒュー　　　　ステ　テ　コ　テン　の

カッ　ポ　カッ　ポ　　コ　ロリン　シャンの　　ピー　ピ

## ◯ 留意点

　はじめはリーダーがやって見せてください。そのときに和楽器の説明をしながらゆっくりとしてみてください。

　うたと動作を覚えたら，はじめはゆっくり，だんだんとはやくしましょう。

## ◯ 効果

　手を動かす上肢運動と，うたをうたう発声運動効果。

# 5 ごんべえさんの赤ちゃん

○ **用意するもの**／なし
○ **あそび方**

♪ごんべえさんの

①両手でほおかむりを結ぶ動作をする

♪赤ちゃんが

②赤ちゃんを抱く動作

♪かぜひいた

③両手で口をおさえる動作

♪そこであわててしっぷした

④拍手をする

　つぎに「ごんべえさんの」のところだけはうたわないで動作だけをします。
　つぎは「ごんべえさんの赤ちゃんが」までをうたわないで動作だけします。

昔から伝わる手あそび・指あそび

つぎは「ごんべえさんの赤ちゃんがかぜひいた」のところまで動作をします。

最後はまたうたと動作をして終わります。

## ◯ 留意点

1つ1つの動作をゆっくりと覚えましょう。うたは大きな声でうたうようにしてください。

## ◯ 効果

うたをうたうという声を出す運動とリズム感，手と上肢の運動。

ごんべえさんの赤ちゃん　　　　作詞・作曲／不詳

ごん べえさん の あ かちゃん が か ぜひ いた
ごん べえさん の あ かちゃん が か ぜひ いた
ごん べえさん の あ かちゃん が か ぜひ いた そ
こ で あ わ て て しっ ぷ した

# 6 おちたおちた

○ **用意するもの**／なし
○ **あそび方**

　これは昔からあるあそびです。大きな声をだしてやってみましょう。リーダーが「おちたおちた！」といいます。参加者は「なーにがおちた」とききかえします。

　リーダーは「リンゴがおちた」といいます。そうしたら参加者はリンゴが地面におちないようにさっと両手をだし受けとめます。

　ではやってみましょう。

| リーダー | 参加者 |
|---|---|
| 「おちたおちた」 | 「なーにがおちた」 |
| 「リンゴがおちた」 | 両手をさっとだす |
| 「おちたおちた」 | 「なーにがおちた」 |
| 「ナシがおちた」 | 両手をさっとだす |
| 「おちたおちた」 | 「なーにがおちた」 |
| 「クリがおちた」 | ？ |

　クリのときは，イガがあって痛いので手をだしません。このように食べられるもののときは両手をさっとだし，食べられないもののときは両手をださないようにします。

　では，やってみましょう。

昔から伝わる手あそび・指あそび

◯ 留意点

　はじめはゆっくりと，だんだんとはやくしましょう。又，食べられないものはおもしろいものにしましょう。例えばテレビとか。

◯ 効果

　さっと両手をだす手の運動と敏捷性。

# 7 弁慶さん

○ **用意するもの**／なし
○ **あそび方**

これも昔からあったあそびです。

**弁慶さん**

わらべうた

べん けい が　　ご じょう の　　は し を　　わた る とき

ウントコドッコイショ　　ウントコドッコイショ　　ウントコドッコイショ

ウントコドッコイショ　　ウントコドッコイドッコイショと　　いって わ たる

♪べんけいが

①左手は指を広げて前に右手はげんこつを作り胸に

②右手を広げて前に左手はげんこつを作り胸に

昔から伝わる手あそび・指あそび

♪五条の橋をわたるとき

③手をふって歩くまね

♪うんとこ

♪どっこい

④右手で左手首をたたく

⑤左ひじをたたく

♪しょ

⑥左肩をたたく

♪うんとこ　　　　　　　　♪どっこい

⑦左手で右手首をたたく　　⑧右ひじをたたく

♪しょ

⑨右肩をたたく

※以上を二回くり返す

♪といってわたる　のところは拍手をする

## ◯ 留意点

　リーダーがはじめにやって見せてください。はじめはゆっくりと，だんだんはやくしてください。展開として「といってわたる」のときは足ぶみにしてもいいでしょう。

## ◯ 効果

　手と上肢の運動。

昔から伝わる手あそび・指あそび

# 8 大きな栗の木の下で

○ **用意するもの**／なし

○ **あそび方**

これも昔からあるあそびに展開をつけました。

大きな栗の木の下で

作詞／1. 平田正於 2, 3　今井弘雄
作曲／不詳

```
1. おおきなくりの    きのしたで   あ なーた と わ た し
2. おおきなやしの    きのしたで   あ なーた と わ た し
3. おおきなバナナの  きのしたで   あ なーた と わ た し

な  か  よ  く   あそびましょ   おおきなくりの    きのしたで
フ  ラ  ダンスを   おどりましょ   おおきなやしの    きのしたで
ゴ ー ゴーを    おどりましょ   おおきなバナナの  きのしたで
```

一番

♪大きな栗の　♪木の　　　♪下　　　　♪で

①両手で大きな輪を作る　②両手を肩に　③頭に　④バンザイ

♪あなたと　　　　　　　♪わたし

⑤指さす　　　　　　　　⑥自分を指さす

♪なか　　　♪よく　　　♪あそびましょ

⑦右手を胸に　　⑧左手を右手に重ね　⑨頭を左右にふる

♪大きな栗の木の下で

　最初と同じ動作のくりかえし

二番

♪大きなやしの木の下で(一番の「大きな栗の木の下で」と同じ動作)

昔から伝わる手あそび・指あそび

♪フラダンスを
　踊りましょう

両手を右に腰を
フラダンスをす
るようにゆらす

♪大きなやしの木の下で　は最初と同じ動作

三番

♪大きなバナナの木の下で(「大きな栗の木の下で」と同じ動作)

♪ゴーゴーを踊
　りましょう

ゴーゴーを踊
る動作

♪大きなバナナの木の下で　は最初と同じ動作

○ **留意点**

　三番のゴーゴーは好きに踊らせてください。展開として「小さな栗の木の下で」という動作も考えてみましょう。

○ **効果**

　リズム感と，手を中心に全身を使う運動としての効果。

**参考にさせていただいた図書**
○指回し体操が奇跡を呼ぶ　東大病院医師，栗田昌裕著
　　　　　　　　　　　　　　　　　　　　　　　（廣済堂出版）
○高齢者レクリエーションハンドブック―健やかな老年のために―
　　　　　　　　　　　矢川律子，坂口正治著（創文企画）
○楽しいゲーム　今井弘雄著（文教書院）
○指遊び，手遊び，ジャンケン遊び　今井弘雄著（童心社）

**協力とアドバイスをいただいた方**
○板橋区おとしより保健福祉センター事業係長
　　　　　　　　　レクリエーションインストラクター　岡見　博
○板橋中央総合病院理学療法士　滝音健朗
○板橋区志村介護支援センター看護婦　鹿田徳子

## 著者紹介

●今井弘雄

　1936年生。国学院大学卒。元医療法人社団明芳会板橋中央総合病院福祉課長。ヘルパー養成講座講師。日本創作ゲーム協会代表理事，子ども文化研究所委員。

＜おもな著書＞

『生きがいづくり・健康づくりの明老ゲーム集』（共著）『ちょっとしたリハビリのためのレクリエーションゲーム12ヵ月』『車椅子・片麻痺の人でもできるレクリエーションゲーム集』『ちょっとしたボケ防止のための言葉遊び＆思考ゲーム集』『おおぜいで楽しむゲームと歌あそび』『少人数で楽しむレクリエーション12ヵ月』『虚弱や軽い障害・軽い認知症の人でもできるレクゲーム集』『介護予防と転倒予防のための楽しいレクゲーム45』『軽い認知症の方にもすぐ役立つなぞなぞとクイズ・回想法ゲーム』（以上，黎明書房）『バスの中のゲーム』（文教書院）他多数。

---

シニアが楽しむちょっとしたリハビリのための手（て）あそび・指（ゆび）あそび

2011年9月25日　初版発行

|  |  |
|---|---|
| 著　者 | 今井　弘雄（いま　い　ひろ　お） |
| 発行者 | 武馬　久仁裕 |
| 印　刷 | 株式会社　太洋社 |
| 製　本 | 株式会社　太洋社 |

発　行　所　　株式会社　黎明書房（れい めい しょ ぼう）

〒460-0002　名古屋市中区丸の内3-6-27　EBSビル
　☎052-962-3045　FAX 052-951-9065　振替・00880-1-59001
〒101-0051　東京連絡所・千代田区神田神保町1-32-2
　　　　　　　　　　　　南部ビル302号　☎03-3268-3470

落丁本・乱丁本はお取替します。　　ISBN978-4-654-05694-1

Ⓒ H. Imai 2011, Printed in Japan

日本音楽著作権協会（出）許諾第1110520－101号

### 軽い認知症の方にもすぐ役立つ
### なぞなぞとクイズ・回想法ゲーム

今井弘雄著　Ａ５判・93頁　1600円

シリーズ・シニアが笑顔で楽しむ①　とんちクイズや四字熟語，ことわざのクイズなど，軽い頭の体操として楽しめる問題を多数収録。軽い認知症の方も楽しめる回想法を使ったゲームを実践例などとともに紹介。

### シニアのための座ってできる
### 健康体操30＆支援のヒント10

斎藤道雄著　Ａ５判・93頁　1600円

シリーズ・シニアが笑顔で楽しむ②　心と身体を元気にする座ったままできる体操30種を，体操のねらい，支援のポイントとあわせて紹介。身体を動かしたくなる雰囲気づくりのコツがわかる「支援のヒント」付き。

### 要支援・要介護の人も楽しめる
### シニアの心と身体が自然に動く歌体操22

斎藤道雄著　Ａ５判・93頁　1600円

シリーズ・シニアが笑顔で楽しむ③　グー・チョキ・パーや手拍子など，シンプルな動きだけでできる，かんたんで楽しい歌体操11曲22種を紹介。身体機能のレベルにかかわらず，誰でも気軽に楽しめます。

### 作って楽しむシニアのための
### 絵あそび・おもちゃ・部屋かざり

枝常　弘著　Ａ５判・93頁　1600円

シリーズ・シニアが笑顔で楽しむ⑤　短時間で完成でき，お年寄りが達成感，満足感を得られる絵あそび・おもちゃ・部屋かざり41種類を紹介。『かんたん・きれい絵あそび・おもちゃ・部屋かざり』改題。

### シニアの手・指・頭・体の
### 機能を守る遊び68＋介護者の基礎知識

グループこんぺいと編著　Ａ５判・93頁　1600円

シニアも介護者も使える機能を守る遊び①　毎日の生活に気軽に取り入れられる手・指，頭，体の機能を守る遊びを紹介。付録「介護者の基礎知識」や「ヘルパーＱ＆Ａ」，コピーして使える「今週の介護メモ」付き。

### 心の底から笑える1人から楽しむ
### 健康爆笑ゲーム＆体操37

グループこんぺいと編著　Ａ５判・93頁　1600円

シニアも介護者も使える機能を守る遊び②　元気な体と心の維持にぴったりな，笑って楽しく体を動かせるゲームや体操を紹介。ケアプラン作成に便利な「５分でできるマーク」付き。

### 介護予防と転倒予防のための
### 楽しいレクゲーム45

今井弘雄著　Ａ５判・102頁　1600円

お年寄りが笑顔で楽しむゲーム＆遊び①　高齢者の体力・筋力の維持・向上，機能回復を図る楽しいレクゲーム45種を「歌レク体操」「介護予防のための手あそび・指あそび」「体を動かすレクゲーム」に分けて紹介。

※表示価格は本体価格です。別途消費税がかかります。